Introduction

*« Les fleurs du printemps
sont les rêves de l'hiver. »*
Khalil Gibran

Difficile de ne pas aimer les fleurs. Difficile de ne pas aimer le printemps. À moins d'avoir l'âme mélancolique ou le nez sensible au pollen. Le « prophète » a raison : avec le renouveau des fleurs au printemps, c'est la nuit de l'hiver qui prend fin, une nuit pas inutile, puisqu'on y a fabriqué en rêve tous les désirs qui nous pousseront à sortir, nous aussi, dès les premiers beaux jours, et, en somme, à nous épanouir, telle une corolle. Les saisons ne rythment pas seulement l'année : elles imposent à nos émotions ce cycle de désir par le manque (l'hiver) menant au plaisir de la satisfaction (le printemps).

La plante porte en elle ce schéma : graine au repos repliée sous terre, contenant en germe la fleur à venir. Chaque chose en son temps. Et le temps suivant ? Celui de la mort. La rose se fane, nous aussi, depuis Ronsard et jusqu'à Françoise Hardy, et même avant lui, et même après elle. C'est peut-être aussi pour cette raison précise que nous aimons les fleurs : pour cette beauté éphémère et gracile, menacée d'une mort prochaine que les pétales aux couleurs vives ignorent superbement. Elles n'étaient que graine ou oignon, elles seront compost, mais, entre les deux, au présent, quel éclat ! Quelle ode à l'insouciante jouissance de l'instant !

L'artiste contemporain Lee Mingwei a fait l'expérience de ces cycles émotionnels avec sa performance *100 Days with Lily* (« cent jours avec un lis »). Pendant cent jours, il a promené avec lui un lis, d'abord sous forme de bulbe, puis en fleur, puis rabougri et finalement mort (à partir du soixante-dix-neuvième jour, et pourtant transporté partout jusqu'au centième jour). Il raconte que cette compagnie florale a suscité des réactions émotives chez les gens qu'il fréquentait, comme cette collègue de travail qui, devant cette succession en accéléré des cycles de la vie, a fini par fondre en larmes et lui confier sa douleur d'avoir perdu un enfant, sujet qu'elle avait toujours tenu secret. Pas étonnant que le même artiste ait par ailleurs monté un canular (www.malepregnancy.com) en se faisant passer pour le premier homme à être enceint : la fleur est une métaphore de la vie.

Comme l'a éprouvé cette collègue, il y a quelque chose de cruel dans le spectacle d'une fleur épanouie, plus encore si elle provient d'un bouquet de fleurs coupées : on jouit de sa beauté dans l'instant en sachant le funeste destin qui la guette. Les feuilles jaunies, l'eau trouble, les pétales fripés, tout cela lui est promis. C'est pourquoi Jacques Brel apporte en cadeau des bonbons : parce que, les fleurs, c'est périssable. Si l'on observe les statistiques françaises, on remarque que, en effet, les gens qui n'achètent pas de bouquets mais qui apportent un petit cadeau à la personne qui les invite offrent à la place une bouteille de vin (47 %), un dessert ou du chocolat. Soit trois items eux aussi périssables ! Ou, du moins, consommables.

Ce petit livre prétend rivaliser avec ce bouquet ou cette boîte de chocolats que vous n'avez pas eus – et qui n'auraient plus été dans quelques jours. Des fleurs, vous en aurez, à toutes les pages. Des fleurs à foison, et même les arbres, les oiseaux et les fruits qui vont avec. Pour les styliser, nous avons fait appel au talentueux atelier de sérigraphie LZC, qui travaille habituellement dans le domaine du design d'objets et de textiles : pas question de vous faire croire à des fleurs réalistes, nul bouquet artificiel ne sentira vraiment la rose. Nos fleurs à nous sont de papier ; ce sont des fleurs de rhétorique. Le botaniste y perdra son latin, le poète y glanera son butin. Au hasard des pages, on cueillera ici une citation littéraire, un haïku ou une anecdote ; là, un article, une liste à compléter ou un proverbe à méditer.

Dans ce livre, les fleurs sont avant tout une source d'inspiration pour la création de petits jeux de langage. Une sorte d'invitation à voir des fleurs partout : au bout des fusils (elles sont des symboles patriotiques), au bord du périphérique parisien (vous en trouverez la liste), en filigrane dans de nombreuses expressions de la langue française, au cœur de certaines expériences mathématiques (la suite de Fibonacci), dans les cosmétiques, dans les patronymes, dans les mythes et les légendes… Partout, et pas toujours là où on les attend.

De même que les fleurs poussent parfois dans des fissures urbaines où la vie semble improbable, cette collection de livres voudrait donner à lire de la poésie dans les interstices inattendus du paysage quotidien. Inviter au jeu ou à la réflexion à partir des petites choses banales sur lesquelles le regard passe mais ne s'arrête pas plus que sur les pâquerettes de la pelouse. Semer une petite graine de plaisir dans le terreau de notre langue, oui, tel serait notre ambition ici. Parce que, la meilleure façon de cueillir dès aujourd'hui, mignonne, les roses de la vie, c'est encore de voir la vie en rose.

« Y a-t-il une oreille
assez fine pour entendre
les soupirs d'une rose
qui se fane ? »

Arthur Schnitzler

Elles poussent partout !

pierre de tte

delisé

souf

arth

p

sif

hété xuel

crème ette

név

y-Mérogis

gon

g ille

persi

on

ron

sclé

et

mic conde chou-

écorni

ef age

saccha ké ne

en age

Hon

af er

Poème signé Vic Hippedia

C'est presque aussi joli qu'un aboli bibelot d'inanité sonore, mais ce n'est pas du Mallarmé, et le sens n'est caché que pour le vulgum pecus qui n'y connaît rien en botanique. En effet, il s'agit, mis en vers, d'extraits de descriptions scientifiques tirés d'une célèbre encyclopédie en ligne…

En ombelle d'ombellules,
En épi d'épillets,
En grappe de cymes appelée thyrse,
Façon vigne ou lilas,
En panicule d'épillets,
En corymbe de capitules,
En épi de cymes
Ou en épi de glomérules,
Parfois, tel l'édelweiss,
Gnaphale pied-de-lion,
Étoile des glaciers
Aux feuilles tomenteuses,
L'inflorescence composée
Simule une fleur simple.

Prénoms fleuris en douce

Vous aimez les fleurs, vous aimeriez donner un prénom floral à votre bébé, sans pour autant qu'il soit trop explicite, comme Rose, Violette, Flora ou Capucine ? Puisez dans le répertoire des prénoms étrangers. Les fleurs sont bien là, mais tapies en secret.

Meiying
« belle fleur »
en chinois
Hanaé
« fleur »
en japonais
Diantha
« fleur du paradis »
en grec
Bluma
« fleur »
en yiddish
Shurong
« joli lotus »
en chinois
Sumana
« fleur »
en hindi
Perah
« fleur »
en hébreu
Sakura
« fleur de cerisier »
en japonais
Nelia
« petite fleur »
en kabyle
Hoa
« fleur »
en vietnamien
Gandhali
« parfum de fleur »
en hindi
Nessim
« fleur sauvage »
en arabe
Amisi
« fleur »
en égyptien
Sumali
« belle fleur »
en thaï
Zahur
« fleur »
en swahili

Quelle est votre fleur préférée ?

Témoignages

« Le **jasmin**, *parce que son odeur me rappelle mon enfance.* »

« La **passiflore**, *parce que c'est une fleur exotique,*

« Le **coquelicot**, *pour sa fragilité : impossible de le cueillir, il faut aller à sa*

« Le **muguet**, *parce que je me suis mariée un 1er*

« La **rose**. *Je sais, comme 85 % des Français. Mais, n'empêche, j'adore le toucher de velours*

« L'**orchidée**, *pour son raffinement.* »

« La **marguerite**, *parce que ma grand-mère m'appelait comme ça.* »

« Le **mimosa**, *parce que c'est une bouffée de printemps en hiver.* »

« Le **pavot**, *parce que je le trouve*

« L'**anémone**, *pour son cœur noir et sa discrétion.* »

« La **violette***, parce que c'est le prénom de ma meilleure amie. »*

mais qu'on peut faire pousser dans nos jardins. »

rencontre dans les champs pour en profiter. »

« Le **lilas***. Je trouve son parfum aphrodisiaque. »*

mai et que j'en avais dans mon bouquet. »

à l'intérieur des pétales. »

toujours beau une fois que ses pétales sont tombés, avec sa tige poilue et ses bourgeons recourbés. »

« Le **lis blanc***, parce qu'il est pour moi l'élégance par excellence. »*

« La **tulipe***, parce qu'elle s'ouvre et se ferme, même dans un vase. »*

« Chaque pomme est une fleur

Félix Leclerc

QUI A CONNU L'AMOUR. »

Anatomie du fruit

Lexique

Akène : fruit sec à graine unique dont le péricarpe n'est pas soudé à la graine.

Baie : fruit charnu contenant un ou plusieurs pépins.

Cabosse : sorte de baie, fruit du cacaoyer.

Caryopse : ce qu'on appelle « grain » dans le langage courant.

Drupe : fruit charnu à noyau unique.

Faux fruit : réceptacle floral qui se développe après la fécondation autour des vrais fruits, que nous prenons par erreur pour des pépins (les vrais fruits du fraisier sont les toutes petites graines – des akènes – qui entourent la fraise).

Follicule : fruit sec formé par un carpelle (élément du pistil) isolé.

Nucule : fruit sec de type akène, à paroi dure.

Péponide : baie à cuticule dure.

Piridion : fruit composite constitué par le réceptacle floral devenu charnu (ce que nous mangeons), soudé à l'ovaire (le trognon).

Cours de rattrapage

Saviez-vous que la cerise est une drupe ?
Et la mûre une polydrupe ?
Que la châtaigne est une akène ?
Et la noisette une nucule ?
Que fraise et figue sont des faux fruits ?
Que le blé est un caryopse ?
Que la fleur de badiane est un follicule ?
Que la vanille n'est pas une gousse, mais une capsule ?
Que les fèves de cacao sont les graines d'une cabosse ?
Que parmi les baies il n'y a pas que les myrtilles,
mais aussi la tomate, la banane et le citron ?
Que la pastèque est une péponide ?
Que la pomme est un piridion
et que nous ne mangeons pas son fruit,
puisqu'il est juste dans le trognon ?
Que les grains de poivre et de café sont des pépins ?
Et que l'avocat n'a pas de noyau, mais un seul pépin, un gros ?
Que le radis est une silique,
soit une capsule à déhiscence paraplacentaire,
et que tout cela est dans le dictionnaire ?
Non, vous ne le saviez pas ?
Mais qu'avez-vous donc dans la citrouille ?

Idiotismes botaniques en vrille

Tomber dans les boskoops.
Appuie sur le bolet !
Ça me prend l'agrume.
J'en ai gros sur la pomme de terre.
Il n'a rien dans le potiron.
Mettre du beurre dans les chénopodiacées.
Ménager le bouc et le brocoli.
Elle est un peu dure de la fane.
Prends-en donc du pépin !
Une apocynacée m'a collé une mirabelle.
Haut comme trois granny-smith.
C'est un cœur de chardon domestique.
Elle n'aime que les histoires à l'eau d'hybride de thé.
Il commence à me courir sur le fayot, avec son truc à la noisette.
Rangez-vous en rang d'aulx !
Il a des cheveux poil de navet.

Depuis son succès, il a la pastèque.
Coupons la conférence en deux.
Tu vas encore regarder un légume mauve en DVD ?
Et ça ? C'est pour ma reinette ?
J'étais fauché comme l'épeautre, et puis je me suis fait plein de cresson.
J'ai fait l'asperge pendant une heure. Et pour des pêches !
T'as le brugnon, on dirait !
L'idared de discorde et la comice d'angoisse.
Ça sent l'épicéa. On va bientôt manger des dents-de-lion par la racine.
Il lui a collé une datte à bout portant.
Je n'ai plus un daikon.
Dis donc, tu ne sens pas la 'Papa Meilland' !
Il m'a raconté des roquettes.
Rouge comme une roma.
Arrête de ramener ta Tagada à tout bout de pré !
Occupe-toi de tes petits bulbes.

Les inflorescences indéfinies

On dirait le titre d'un film psychologique (imaginez-le dit par Luchini), d'un morceau de clavecin ou d'un poème précieux, pas très loin des « évanescences infinies » ou des « effervescences de l'oubli ». Il ne s'agit pourtant que d'une catégorie botanique : celle qui réunit les plantes dont l'axe principal donne naissance à un bourgeon, puis s'allonge indéfiniment, par opposition aux inflorescences définies, qui se terminent par une fleur. Dans ce deuxième cas, on parle de « ramification sympodique » : c'est une autre histoire… ou la face B du disque de clavecin. Mais les indéfinies sont définies par un si joli vocabulaire qu'il fait bon s'y attarder pour apprendre à les reconnaître.

la panicule
l'ombelle
le capitule
l'épi

C'est quoi, ton petit nom ?

Toutes les plantes ont deux noms : un qui est utilisé couramment, dit vernaculaire ; un autre dit savant ou scientifique, en latin, que l'on retrouve dans les traités de botanique… ou tout simplement sur les étiquettes dans les magasins spécialisés. Serez-vous capable de retrouver les paires ?

Camomille
Oiseau-de-paradis
Bruyère
Palmier
Chardon
Liseron
Aubépine
Œillet
Pavot
Perce-neige
Tournesol
Immortelle
Hortensia
Genévrier
Cytise
Nénuphar
Chèvrefeuille
Pivoine
Primevère
Centaurée
Lilas
Capucine
Pervenche
Pensée
Glycine

Votre score :

Vinca
Chamaerops
Paeonia
Calluna
Cnicus
Strelitzia
Crataegus
Papaver
Laburnum
Galanthus
Dianthus
Helichrysum
Juniperus
Nymphaea
Anthemis
Lonicera
Helianthus
Centaurea
Primula
Hydrangea
Syringa
Viola
Wistaria
Convolvulus
Tropaeolum

Camomille : *Anthemis* / Oiseau-de-paradis : *Strelitzia*
Bruyère : *Calluna* / Palmier : *Chamaerops* / Chardon : *Cnicus*
Liseron : *Convolvulus* / Aubépine : *Crataegus* / Œillet : *Dianthus*
Pavot : *Papaver* / Perce-neige : *Galanthus* / Tournesol : *Helianthus*
Immortelle : *Helichrysum* / Hortensia : *Hydrangea*
Genévrier : *Juniperus* / Cytise : *Laburnum* / Nénuphar : *Nymphaea*
Chèvrefeuille : *Lonicera* / Pivoine : *Paeonia* / Primevère : *Primula*
Centaurée : *Centaurea* / Lilas : *Syringa* / Capucine : *Tropaeolum*
Pervenche : *Vinca* / Pensée : *Viola* / Glycine : *Wistaria*

La fleur préférée des Français

Olala * Orange Sensation * Paganini * Palissade Rose * Panthère Rose * Papa Meilland * Pariser Charme * Pascali * Paul Cézanne * Paul Noël * Paul Ricard * Pénélope * Perle Noire * Pierre de Ronsard

…ssa * Kalinka * Kimono * La Marseillaise * La Paloma * Lady Rose * Landora * Las Vegas * Madame A. Meilland * Madona * Magic Fire * Majorette * Make-up * Mandarina

…ona * Fleurette * Florentina * Gilbert Bécaud * Gina Lollobrigida * Gioia * Gloire de Dijon * Gloria Dei * Golden Delight * Goldmar…

…in * Diorama * Doressence * Dominika * Dorothy Perkins * Double Delight * Douce Symphonie * Dune * Éc…

…bert * Colette * Colonia * Colorama * Compassion * Coral Satin * Coralin * Cornelia

…r * Charles de Gaulle * Charleston * Charlotte Rampling * Ch…

…rla * Carnaval de Rio * Carole Bouquet * …

Blue Moon * Bonanza

Albertine * Alexandra * Alleluia * Allgold * Ambassador * Améthyste * Anabell * Andalusien * Angela * Anne de Bretagne * Annie Beaufais * Apogée * Arielle Dombasle * Baccara * Ballerina * Banzai * Barkarole * Baronne Edmond de Rotschild * Bassino * Beauté * Belle de Londres * Bellissima * Benvenuto * Berolina * Betina * Bois Dormant * Blanc Double de Cou[bert] * Borsalino * Bossa Nova * Buffalo Bill * Cabaret * Candy * Canicule * Capella * Capriole * Cardinal de Richelieu * Car[…] [Carolin]e de Monaco * Carrousel * Casque d'Or * Catherine Deneuve * Centenaire de Lourdes * César * Chacock * Champs-Élysées * Château[…] Chenonceaux * Château de Versailles * Chime * Chorus * Christophe Colomb * City of Belfast * Clair Matin * Claude Monet * Clos fleuri * Cocktail * Cocori[co…] [Coup] de Foudre * Courtoisie * Cricri * Crimson Glory * Cuisse de Nymphe * Dacapo * Dalli * Dame de Cœur * Daniel Gélin * Danse des Sylphes * Danse du Feu * D'Artagnan * Deborah * Denise Grey * D[…] Éden * Élina * Épi d'Or * Érotica * Escapade * Esmeralda * Été Parfumé * Étoile de Hollande * Europeana * Evening Star * Excelsa * Fair Play * Fairy Dance * Fanny Ardant * Fée des Neiges * Ferdy * Fête des Mères * Fideli[o…] [Gr]and Château * Grand Siècle * Gustave Courbet * Haendel * Heidi * Heritage * Heureux Anniversaire * Hidalgo * Honoré de Balzac * Iceberg * Illisca * Immensee * Indépendance * Ingrid Bergman * Iskra * Jacques Cartier * Jacques Prévert * Jean Giono * Johann[…] [Marce]l Pagnol * Marco Polo * Maria Callas * Mariandel * Marie-Claire * Marondo * Marquisette * Mary Rose * Matador * Matilda * Maurice Chevalier * Méli Mélo * Michel Hidalgo * Milrose * Mirato * Molde * Montana * Montezuma * Mozart * Novaia * Nozomi * Nuage Parfumé * Nuit d'été * O So[…] […]oud * Princesse de Monaco * Rendez-vous * Révolution Française * Roxane * Rush * Sarabande * Senteur Royale * Sexy Rexy * Soraya * Speck's Yellow * Super Star * Sylvie Vartan * Tendresse * Victor Hugo * Wapiti * Yves Piaget *

Les fleurs du périph

Voici les treize espèces florales répertoriées le long du boulevard périphérique parisien. Pour connaître les nombreuses espèces recensées dans plus de deux cents lieux parisiens, classés par rues, allez visiter le curieux site http://pariflor.snv.jussieu.fr, réalisé par une équipe de chercheurs de l'université Pierre-et-Marie-Curie.

Chenopodium album *Calystegia sepium* *Taraxacum vulgare*
Epilobium hirsutum *Lepidium ruderale* *Matricaria maritima*

Convolvulus arvensis Polygonum aviculare Pastinaca sativa
Daucus carota Plantago major Reseda lutea Atriplex patula

Cosmétologie florale à l'époque romaine

Dans ses Produits de beauté pour le visage de la femme, *Ovide nous livre ses secrets.*
L'éditeur décline toute responsabilité en cas de dégâts épidermiques !

Revigorer sa peau

Laisser tremper des pavots dans de l'eau froide puis les écraser. Appliquer la mixture sur le visage quelques minutes.

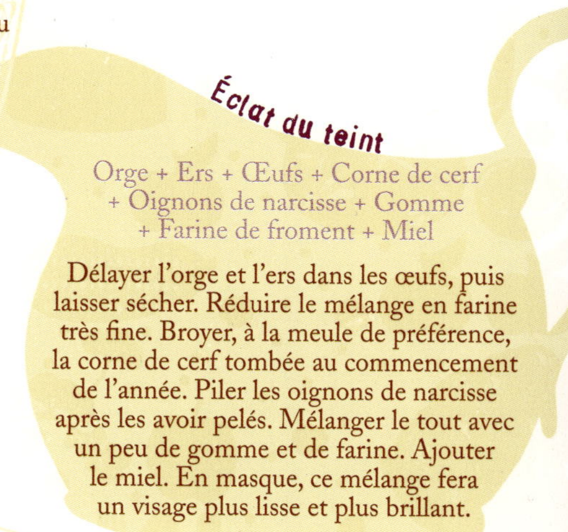

Éclat du teint

Orge + Ers + Œufs + Corne de cerf + Oignons de narcisse + Gomme + Farine de froment + Miel

Délayer l'orge et l'ers dans les œufs, puis laisser sécher. Réduire le mélange en farine très fine. Broyer, à la meule de préférence, la corne de cerf tombée au commencement de l'année. Piler les oignons de narcisse après les avoir pelés. Mélanger le tout avec un peu de gomme et de farine. Ajouter le miel. En masque, ce mélange fera un visage plus lisse et plus brillant.

INFO COSMÉTO

L'ERS est une plante légumineuse… surtout connue des cruciverbistes, mais elle gagne à l'être pour sa forte teneur en protéines.

Éliminer les rougeurs

Nitre
+
Miel
+
Fenouil
+
Gomme
+
Encens mâle
+
Roses sèches
+
Crème d'orge
+
Myrrhe grasse
+
Sel d'ammoniac

Réduire en poudre dans du miel le nitre, la gomme et un tout petit peu de myrrhe. Ajouter au mélange le fenouil, les roses, l'encens, le sel d'ammoniac et la crème d'orge. Appliquer et laisser posé sur le visage.

Parfaire la blancheur de son teint

Fèves
+ Céruse + Iris
Lupins pâles
+ Nitre rouge d'Illyrie de préférence, car les rouges sont les plus beaux

Faire griller les lupins et cuire les fèves. Prélever de l'écume de nitre rouge. Faire broyer par des bras jeunes et vigoureux les lupins, les fèves, la céruse, le nitre et les iris. Appliquer en masque sur le visage.

INFO COSMÉTO

L'ENCENS MÂLE est reconnu pour être le meilleur, car le plus gras. La GOMME ARABIQUE est utilisée depuis plus de quatre mille ans pour ses propriétés émollientes.

INFO COSMÉTO

Le NITRE, connu sous sa forme blanche de nitrate de potassium, avait, chez les Romains, la même utilisation que le savon. La CÉRUSE contenant du plomb, gageons que l'on ne parlait pas encore de saturnisme…

La branche d'amandier

De l'amandier tige fleurie,
Symbole, hélas ! de la beauté,
Comme toi, la fleur de la vie
Fleurit et tombe avant l'été.

Qu'on la néglige ou qu'on la cueille,
De nos fronts, des mains de l'Amour,
Elle s'échappe feuille à feuille,
Comme nos plaisirs jour à jour !

Savourons ces courtes délices ;
Disputons-les même au zéphyr,
Épuisons les riants calices
De ces parfums qui vont mourir.

Souvent la beauté fugitive
Ressemble à la fleur du matin,
Qui, du front glacé du convive,
Tombe avant l'heure du festin.

Un jour tombe, un autre se lève ;
Le printemps va s'évanouir ;
Chaque fleur que le vent enlève
Nous dit : Hâtez-vous de jouir.

Et, puisqu'il faut qu'elles périssent,
Qu'elles périssent sans retour !
Que ces roses ne se flétrissent
Que sous les lèvres de l'amour !

Alphonse de Lamartine
Nouvelles Méditations poétiques

La bibliothèque idéale de l'amateur de fleurs

ou la fine fleur de la littérature

La Rose des sables Henri de Montherlant
Froides Fleurs d'avril Ismaïl Kadaré
Tulipe Romain Gary
Le Lys rouge Anatole France
Et ta bouche en peau de lys Pierre Louÿs
L'Œillet rouge Emilio Vittorini
Roses à crédit Elsa Triolet
Le Lys dans la vallée Honoré de Balzac
La Cantate de Narcisse Paul Valéry
Les Fleurs bleues Raymond Queneau
Le Blé en herbe Colette
La Dame aux camélias Alexandre Dumas fils
Les Fleurs de Tarbes Jean Paulhan
Narcisse George Sand
Des fleurs de bonne volonté Jules Laforgue
La Pensée sauvage Claude Lévi-Strauss
Rose Guy de Maupassant
Miracle de la rose Jean Genet
La Tulipe noire Alexandre Dumas père
Roman de la Rose Guillaume de Lorris
La Fleur à la bouche Luigi Pirandello

« Il y a des fleurs partout

pour qui veut bien les voir. »

Henri Matisse

L'énigme de Mallarmé

Même si vous n'êtes pas spécialiste de Mallarmé, ce que vous savez sans doute, c'est que son œuvre a la réputation d'être sibylline. On l'a même qualifiée d'hermétique. Pourtant, l'intention du poète n'est pas de compliquer les choses inutilement, mais d'inviter l'imagination du lecteur à compléter de ses propres projections les béances laissées par la logique. « Nommer un objet, explique-t-il, c'est supprimer les trois quarts de la jouissance du poème, qui est faite du bonheur de deviner peu à peu ; le suggérer, voilà le rêve. » Faites le test avec cette phrase si connue, extraite des Divagations *(écrites en 1897), mais qui ne divaguent pas tant que cela. Lisez-la, relisez-la pour le plaisir, laissez agir la poésie des mots. La verrez-vous apparaître, la fleur de vos rêves, poussant dans l'interstice des mots ?*

« Je dis : une fleur ! et hors de l'oubli où ma voix relègue aucun contour, en tant que quelque chose d'autre que les calices sus, musicalement se lève, idée même et suave, l'absente de tous bouquets. »

Haïkus

Bref poème japonais très codifié, le haïku est une sorte d'instantané visant à décrire l'évanescence des choses. Il doit toujours comporter un kigo, littéralement « mot de saison », c'est-à-dire une référence à l'une des quatre saisons, le plus souvent par une allusion à la nature. Célébrant la fragilité de l'instant, le message du haïku est en quelque sorte une variante du poème de Ronsard, à ceci près que la rose y devient fleur de cerisier. Mais c'est la même ode aux jouissances éphémères puisées dans le minuscule qu'inspire le motif floral. Quelques exemples empruntés aux auteurs classiques.

Telle la main droite
D'une sage-femme
La feuille d'érable en automne
Samboku

Le serpent s'esquiva
Mais le regard qu'il me lança
Resta dans l'herbe
Takahama Kyoshi

Sous un voile de lune
Ombre de fleur
Ombre de femme !
Sôseki Natsume

Les herbes se couvrent
D'automne
Je m'assieds
Matsuo Bashô

Pourquoi ne pas mourir
En mordant dans une pomme
Face aux pivoines ?
Shiki

Devant le chrysanthème blanc
Les ciseaux un instant
Hésitent
Buson

Le vent de l'été
Apporte dans ma soupe
Des pivoines blanches
Ryokan

Le saule
Peint le vent
Sans pinceau
Saryu

J'ai balayé les feuilles mortes
Ceux qui passent ne se rendent compte
De rien
Hosaï

Ça, ça,
C'est tout ce que j'ai pu dire
Devant les fleurs du mont Yoshino
Teushitsu

Je lève la tête
L'arbre que j'abats
Comme il est calme
Issekiro

Dans la feuille de patate douce
Elle enveloppe sa vie
La goutte d'eau
Kikaku

L'arracheur de navets
Montre le chemin
Avec un navet
Issa

Une fleur tombée
Remonte à sa branche
Non, c'est un papillon !
Moritake

Tout a brûlé
Heureusement
Les fleurs avaient achevé de fleurir
Hokushi

Le bouquet impérissable

Pour faire mentir Jacques Brel, voici de quoi composer un bouquet qui ne fanera jamais.

Réunissez dans un grand vase
Une plante des pieds
Quelques fleurs de peau
Une rose des sables
Des feuilles de paye
Et des tiges de fer
Un joli bouton de fièvre
Ou du muguet intestinal
Une branche de lunettes
Le feuillage d'un vieil arbre généalogique
Quelques bourgeons du goût
Une pervenche en uniforme
Deux ou trois fruits du hasard
Une gerbe d'étincelles
La plus belle fleur de l'âge
Une petite botte de cuir
Un beau brin de fille
Un peu de flore vaginale
Le bouquet d'un bon vin
Deux iris sans leur pupille
Et un petit palmier bien croustillant
Nouez du fil de l'histoire :
C'est le bouquet final.

Fleurs à l'appel

C'est l'histoire d'une dispute entre Laure, une fille un peu fleur bleue, et sa sœur rebelle Delphine, qui l'envoie sur les roses. Au total, ci-dessous, pas moins de soixante et onze noms de plantes, principalement fleuries, se cachent phonétiquement. Saurez-vous les retrouver ?
Solutions pages suivantes.

– Chère sœur, un gars sans le sou, cité par la police, aux amis paumés et qui risque de t'entraîner dans son camp nul n'est pas pour toi. Avec, au bout, ton dortoir en guise de chambre…
– Non, c'est un camp pas nul !
– Voyons, ce type est une épave aux cheveux gras ! Rhum Coca en guise de parfum ! Rebelle deux jours, pas plus ! Il ment, drague, organise des fêtes, viole, etc.
– Pas que ! Rhett Butler aussi était un mauvais garçon. Mon amoureux est un casse-cou courageux, un héros zélé, de renom, cultivé, ému, guettant mes moindres désirs.
– Quel aveuglement ! Elle est bornée, ma parole ! Tu verrais un aigle en Tino Rossi !
– Tout le monde n'est pas comme ton Richard : don de soi, quiétude, douces joues, barbe rasée de près… Le tien glisse inaperçu parmi la foule. Le soir, avec lui, tu lis, puis tu dors.
– Ah ! Mari lisse ! Tu verras, tu y viendras.
– Si jeune et déjà sainte, ma sœur ! Je m'en fous, j'ai raison. Je ne veux pas d'un mari passif, Laure. J'aspire, eh oui, à autre chose. Pas d'un qui se magne au lit, ah ! ça non ! Derrière les apparences, je sais qu'en lui l'or y est. Et puis, j'aime ses habits décadents. Mon ami ose, aux tissus, donner une allure inédite.
– Écoute, Angèle y connaît quelque chose : ton jules, un camé l'y a fait penser.
– Et d'elle, vestale soi-disant, que sais-tu vraiment ?
– Alors, écoute au moins l'avis d'Anne. Anne… Anne…
– Dis donc, tu n'es pas bègue ?
– Oh ! nia-t-elle, bien sûr que non !
– Ah ! Z'allez pas m'emmerder ! L'avis d'Anne, je m'en passe. Anne est

monacale. Fille bien née, fée, mère parfaite ! Un rien lui suffit : du beurre dans les épinards, Sisteron pour les vacances, une balade en tricyle, amen ! C'est une naïve. Je ne suis pas comme elle, hélas ! Faut délirer un peu plus, dans la vie. Bru hier, épouse aujourd'hui, veuve demain. Non merci ! Moi, j'aime les week-ends à New York (idée comme ça). J'aime l'art. Moi, zyeuter la télé, ça ne me suffit pas ! Regarde-les, les glandus : y bissent Kusturica mais ils n'ont pas la moitié de sa fantaisie.
– La roue tourne : solidifierez-vous votre couple ? Quand il y aura la crise en tes murs, tu gerberas sur tes idées d'autrefois et tu comprendras…
– Que dalle ! Y a rien à comprendre !
– À votre place, je n'ai…
– Assez ! À notre place, il n'y a que nous.
– Mais je ne peux pas rester sans réagir aux fléaux qui t'attendent !
– Les fléaux ? Eux ? Hier encore tu me disais de ne pas m'en préoccuper. Et la paix ? Tu n'y as pas pensé ? La paix qui nous attend peut-être pour cinquante ans ? Tu ris ? Homme de passage ? C'est ainsi que tu le vois, mon amant ?
– Delphine, ni homme de passage, comme tu le suggéras, ni homme qu'on épouse. Juste pour toi un jouet, comme un truc à puce innovant. De la camelote, ustensile transitoire. Sans, t'aurais pu t'ennuyer. Tu me l'as dit un jour : « Sa clé m'a titillée ! » C'est explicite, isolé du contexte.
– J'en ai marre ! Gueux rital, c'est ainsi que tu le vois ? Et moi en mangeuse d'hommes ? Alors, je fais ma valise. Rompons les derniers liens qui nous lient, chère sœur ! Il y a dix gîtes alentour où je trouverai meilleur accueil. Tu me fais tourner chèvre ! Feuillette ton missel, remonte ton col chic et porte-toi bien !
– Mais je me porte comme une fleur, car ni vos rêves, ni vos amours je ne les envie.

Solutions du jeu pages précédentes :

les soixante et onze fleurs du pot-aux-roses

– Chère **seringa** sans le **souci**-té par la **polys**, aux am-**ipomée** et qu-**iris**-que de t'entraîner dans son camp nul n'est pas pour toi. Avec, au **bouton-d'or**-toir en guise de chambre…
– Non, c'est un **campanule** !
– Voyons, ce type est une é-**pavot** cheveux gr-**arum** coca en guise de parfum ! Re-**belle-de-jour**, pas plus ! Il **mandragore**-ganise des fêtes, **violette**-c.
– **Pâquerette** Butler aussi était un **mauve**-ais garçon. Mon amoureux est un casse-**coucou**-rageux, un hé-**rose**-élé, de **renoncule**-tivé, é-**muguet**-tant mes moindres désirs.
– Quel aveuglement ! **Ellébore**-née, ma parole ! Tu verrais un **églantine**-o Rossi !
– Tout le monde n'est pas comme ton Ri-**chardon** de soi, quiétude, douces **joubarbe** rasée de **prêle**-e tien **glycine**-aperçu parmi la foule. Le soir, avec lui, **tulipe**-uis tu dors.
– **Amaryllis** ! Tu verras, tu y viendras.
– Si jeune et dé-**jacinthe**, ma sœur ! Je m'en **fougère**-aison. Je ne veux pas d'un mari **passiflore**. J'a-**spirée** oui, à autre chose. Pas d'un qui se **magnolia** ! ça non ! Derrière les apparences, je sais qu'en lui **laurier**. Et puis, j'aime ses habits décadents. Mon a-**myosotis**-sus, donner une allure inédite.
– Écoute, **angélique**-onnaît quelque chose : ton jules, un **camélia** fait penser.
– **Édelweiss**-tale soi-disant, que sais-tu vraiment ?
– Alors, écoute au moins l'avis d'Anne. Anne… Anne…
– Dis donc, tu n'es pas **bég-onia**-t-elle, bien sûr que non !
– **Azalée** pas m'emmerder ! L'avis d'Anne, je m'en passe. **Anémone**-acale. Fille bien n-**éphémère** parfaite ! Un rien lui suffit : du beurre dans les épi-

narcisse-teron pour les vacances, une balade en tri-**cyclamen** ! C'est une naïve. Je ne suis pas comme elle, hél-**asphodèle**-irer un peu plus, dans la vie. **Bruyère**, épouse aujourd'hui, veuve demain. Non merci ! Moi, j'aime les week-ends à New Y-**orchidée** comme ça). J'aime l'**armoise**-yeuter la télé, ça ne me suffit pas ! Regarde-les, les glandus : **hibiscus**-turica mais ils n'ont pas la moitié de sa fantaisie.
– La roue **tournesol**-idifierez-vous votre couple ? Quand il y aura la **chrysanthème**-urs, tu **gerbera** sur tes idées d'autrefois et tu comprendras…
– Que-**dahlia** rien à comprendre !
– À votre place, **genêt**…
– A-**céanothe**-re place, il n'y a que nous.
– Mais je ne peux pas rester sans réa-**giroflée**-aux qui t'attendent !
– Les fléaux ? **Œillet**-r encore tu me disais de ne pas m'en préoccuper. Et la **pétunia** pas **pensée** ? La paix qui nous attend peut-être pour cinquante **anthurium** de passage ? C'est ainsi que tu le vois, mon amant ?
– **Delphinium** de passage, comme tu le sug-**géranium** qu'on épouse. Juste pour toi un jouet, comme un tru-**capucine**-novant. De la came-**lotus**-tensile transitoire. **Centaurée** pu t'ennuyer. Tu me l'as dit un jour : « Sa **clématite**-illée ! » C'est expli-**cytise**-olé du contexte.
– J'en ai **marguerite**-al, c'est ainsi que tu le vois ? Et moi en mangeuse d'hommes ? Alors, je fais ma va-**liseron**-pons les derniers liens qui nous lient, chère sœur ! Il y a **digitale**-entour où je trouverai meilleur accueil. Tu me fais tourner **chèvrefeuille**-ette ton missel, remonte ton **colchique** et porte-toi bien !
– Mais je me porte comme une **fleur carnivore**-êves, ni vos amours je ne les envie.

Il n'y a pas d'âge pour faire du coloriage

Michel Bouquet

Serres Deville Montaigne
Debré Butor Nostradamus
-Ange Houellebecq Fugain Lafon
Piccoli Polnareff Blanc
Troisgros
Simon Petrucciani Jonasz Aumont
Boujenah Berger Onfray
Vaillant Leiris Colucci Denisot
Lang Platini Tournier Olivier Déon
Foucault Audiard Constantin Drucker Delpech
Auclair Blanc Leeb Sardou Rocard
Galabru Serrault

Quand les plantes battent des records...

Nauséabonde

Trois mètres de large pour 70 kilos : à ces seuls chiffres, l'arum titan mérite d'être cité. Mais c'est à sa puanteur insoutenable qu'il doit sa renommée. Son petit nom ? Fleur de cadavre.

Pote âgé

En Tasmanie, un buisson de houx a fêté ses 43 000 ans.

Microflore

La *Wolffia arrhiza* mesure moins de 1 millimètre, et sa fleur deux fois moins. Et pourtant, cette minuscule lentille d'eau brésilienne menace la faune aquatique de son extension galopante.

Surpopulation

Imaginez un pied de glycine supportant à lui seul 1 500 000 fleurs ! C'est le cas du wistéria géant de Californie, qui supporte des branches de 152 mètres, pèse 22 tonnes et s'étend sur 4 000 mètres carrés.

Bipolaires

Le pavot jaune, ou encore pavot arctique, a repoussé les limites de la floraison aux régions arctiques et à la Scandinavie. La *Deschampsia antartica*, elle, est réservée à l'Antarctique.

Aloha

En 2008, Hawaï a transformé son symbole de bienvenue en record mondial, réalisant, à Honolulu, la plus longue couronne de fleurs : 1 626 mètres d'accueil chaleureux.

Biblioflore

Le 1er décembre 2009, une édition originale autographe des *Fleurs du mal* (1857) dédicacée par Baudelaire à son ami Narcisse Ancelle a été adjugée à 775 000 €.

Fleur de grimpeur

La *Stella decumbens* a été trouvée sur l'Himalaya à une altitude de 6 500 mètres.

Colosse aux pieds d'argile

La victoria d'Amazonie, la plus grosse plante à fleurs d'eau douce, connaît une croissance fulgurante : en 6 jours, ses feuilles atteignent 90 centimètres de large pour, adulte, flirter avec les 3 mètres ! Mais, en deux jours seulement, la fleur se fane.

Godzilla au jardin

Bornéo, la Malaisie et l'Indonésie abritent la fleur la plus large du monde (1 mètre) : la *Rafflesia arnoldii*, aux allures de chou rouge parsemé de furoncles. Ce monstre floral pèse 10 kilos et s'attaque aux racines des lianes alentours.

Drôle de dame

Étrange vie que celle de *Puya raimondii* : elle met entre 80 et 150 ans à pousser jusqu'à 10 mètres de haut, puis elle se décide à fleurir pour la première et unique fois, et meurt après cet ultime effort.

Or rouge

Crocus sativus cache au cœur de ses trois grands pétales violets les stigmates rouges qui constituent le safran, l'épice la plus chère du monde : entre 3 000 et 25 000 € le kilo. Un kilo de safran séché au soleil ou au feu de bois nécessite la cueillette manuelle de 140 000 fleurs.

« Qui se soucie de regarder la fleur de la

carotte sauvage au temps des cerisiers ? »

Sode Yamaguchi

Leçons de séduction

Que ne ferait-on pas pour se faire butiner ? Lorsque l'on est une fleur maintenue immobile par ses racines, il faut compter sur les éléments naturels pour que ses étamines rencontrent un pistil. Si la nature l'a dotée des deux sexes, la chose n'est pourtant pas aisée. Souvent entomophile, la fleur joue de ses atours pour parvenir à son but : polliniser ses congénères et être pollinisée à son tour. Tous les moyens sont bons. Voici quelques conseils qu'elle pourrait nous suggérer, à la façon d'une campagne publicitaire d'une certaine marque de lingerie...

Leçon n° 1 **Guider son partenaire**

Pour que votre amant ne se perde pas en route, de quelques points judicieusement placés, indiquez-lui le chemin. Comme la **digitale,** ornée de taches noires soulignées de blanc, vous le mènerez jusqu'au nectar, où il se frottera à vos étamines sans s'en rendre compte.

Leçon n° 2 **Multiplier ses atouts**

Faites-vous capitule, comme la **scabieuse,** qui n'est pas fleur unique, mais mille petites fleurs violettes en un seul bouton, que votre galant peut butiner tour à tour.

Leçon n° 3
Être son fantasme absolu

Soyez celle que son imagination n'osait rêver. L'**ophrys mouche,** pour attirer la mouche mâle, devient trait pour trait mouche femelle : même allure, même couleur. Le pauvre dupe enfonce son organe de fleur en fleur, pensant assurer la survie de son espèce, alors qu'il est le jouet de la pollinisation.

Leçon n° 4
Flatter ses sens

Sensibilisez sa vue, son toucher, son odorat et son goût à vos charmes pour le mener là où vous le désirez. Pour attirer son insecte près de ses étamines, la **parnassie des marais** orne cette région de poils brillants et soyeux de nectar, auquel il ne pourra résister.

Leçon n° 5
Dominer parfois

Pour parvenir à ses fins, la force peut être la solution… dans le monde floral, naturellement. Piégez-le dans vos filets comme le **sabot-de-Vénus** enferme le bourdon dans sa cavité, de sorte qu'il ne puisse ressortir que par la seule faille du sabot, la tête couverte de pollen.

Leçon n° 6
User de plaisirs solitaires

Reine de la contorsion, une **orchidée** sauvage du Yunnan, en Chine, n'a besoin d'aucun partenaire pour se reproduire. Elle ôte le chapeau protecteur de son anthère, l'organe masculin, tend l'appendice au bout duquel se trouvent deux petites poches de pollen, puis se courbe de manière à déposer le pollen dans la cavité femelle.

Leçon n° 7
Ne pas laisser d'équivoque

Votre tenue doit refléter votre humeur, le message n'en sera que mieux perçu. Le **myosotis du marais** porte ses pétales roses lorsqu'il n'a pas encore de nectar, se pare de bleu lorsqu'il est mature et gorgé de nectar, et change une dernière fois de couleur lorsque le nectar est épuisé.

Leçon n° 8
L'enivrer d'une fragrance unique

Trouvez son point faible olfactif. Pour la chauve-souris, c'est l'odeur du champignon des sous-bois, inespérée en pleine saison sèche, et que diffuse pourtant la **fleur de balsa.**

Leçon n° 10
Croire en sa bonne étoile

L'**étoile de Madagascar,** ravissante orchidée, semble présenter un handicap à la reproduction : son éperon, contenant le nectar et le pollen, mesure plus de 35 centimètres de long. Quel insecte possède une trompe de cette longueur ? Charles Darwin avança l'hypothèse d'un papillon et fut ridiculisé. On ne lui rendit raison que quarante et un an plus tard, quand on découvrit un papillon de la famille des sphinx doté de l'organe ad hoc.

Leçon n° 9
Rendre les choses simples

Un peu d'aide peut se révéler nécessaire, si votre invité n'est pas aussi expérimenté qu'espéré. La **sauge** sait donner ce coup de pouce : quand un insecte se pose sur elle pour goûter son nectar, une étamine fait balancier pour déposer le pollen sur son dos.

« QU'EST-CE QU'UN PAYSAGE ? C'EST L'ÂGE

D'UN PAYS QUAND NOUS Y SOMMES. » JEAN ROYER

Cachettes littéraires

Quatre extraits de prose ou de poésie signés de grands auteurs, quatre portraits de fleurs qui s'y cachent. Ont-ils su trouver les mots justes ? Saurez-vous les identifier ?

1> *« Un feu de couleurs incomparable, outrecuidant, le pare, il détient les plus beaux rouges vibrants, un jaune qui épanche autour de lui la lumière, un safran carné, unique. Mais respirez-le : il a moins de fragrance qu'une touffe de gazon, et touchez-le doucement : il n'a pas pu quitter sa raideur légumineuse, et sa chair cassante comme un jeune radis. »*

Colette

2> *« Tandis que l'étoile inodore*
Que l'été mêle aux blonds épis
Émaille de son bleu lapis
Les sillons que la moisson dore,
Avant que, de fleurs dépeuplés,
Les champs aient subi les faucilles,
Allez, allez, ô jeunes filles,
Cueillir des .... dans les blés ! »

Victor Hugo

3> « *Courtisane au sein dur, à l'œil opaque et brun*
S'ouvrant avec lenteur comme celui d'un bœuf,
Ton grand torse reluit ainsi qu'un marbre neuf.

Fleur grasse et riche, autour de toi ne flotte aucun
Arôme, et la beauté sereine de ton corps
Déroule, mate, ses impeccables accords. »

Paul Verlaine

4> « *Sur fond d'azur le voici, comme un personnage de la comédie italienne, avec un rien d'histrionisme saugrenu, poudré comme Pierrot, dans son costume à pois jaunes, le ....* »

Francis Ponge

Curiosités étymologiques

ANÉMONE
Du grec *anemos,* « vent », car c'est lui qui emporte ses graines plumeuses.

CHÈVREFEUILLE
Du bas latin *caprifolium,* « feuille de bouc », parce que c'est la nourriture de prédilection des chevreuils. Le bouc s'est transformé en chèvre par souci de féminisation de la plante. En anglais, on l'appelle *honeysuckle,* soit littéralement du miel à téter…

CHRYSANTHÈME
Littéralement, « fleur d'or », du grec *khrusos,* « or », que l'on retrouve dans « chrysalide », du fait que la nymphe de certains papillons présente des reflets dorés.

CAMÉLIA
Autrefois appelé « camellia », du nom du frère jésuite Josef Camel, qui l'introduisit en Europe, le mot perdit un l à la suite d'une faute d'orthographe d'Alexandre Dumas dans *La Dame aux camélias,* qui finit par être validée par l'Académie française.

CAPUCINE
De « capucin », ordre religieux reconnaissable à la capuche que portent ses membres, et qui ressemble à la forme de la corolle.

GÉRANIUM
Du grec *geranos,* « grue », parce que le fruit allongé de cette plante ressemble au bec de l'oiseau.

LAVANDE

De la même famille que « lavandière », c'est la plante qui sert à laver, dont on parfume l'eau de toilette.

LILAS

Si « lilas » est une couleur, ce n'est pas seulement par métonymie avec la fleur : le nom de celle-ci vient de l'arabe *lilâk,* qui signifie « mauve ». Quant à son nom savant, *Syringa,* il évoque les flûtes (en grec, *syrinx*) que fabriquaient les bergers avec ses tiges creuses.

MIMOSA

Du latin *mimus,* « mime », par allusion au mouvement rétractile que fait la variété sensitive quand on la touche.

MUGUET

De la même famille que « musc » et « muscade », à cause de son odeur.

MYOSOTIS

Littéralement, « oreille *(ôtos)* de souris *(mus)* », par allusion à la forme pointue de ses petites feuilles velues.

ORCHIDÉE

Du grec *orkhidion,* « petit testicule », à cause de la forme des tubercules et des pouvoirs fertilisants attribués à la plante.

SOUCI

Rien à voir avec les tracas : du latin *solsequia,* « qui suit le soleil », comme le tournesol.

TULIPE

Du turc *tülbend,* « turban », évoquant la forme de sa corolle.

Hommage au

Certains disent que c'est l'arbre le plus vieux du monde : il aurait 300 millions d'années. Glaciations, bouleversements géologiques et thermiques n'ont pas eu de prise sur lui : toujours, il renaît, véritable fossile vivant d'une ère des plus lointaines, doué de capacités d'adaptation hors du commun. Au lendemain de l'explosion de la bombe atomique, à Hiroshima, rien ne repousse sur le sol calciné. Rien, à part des petites repousses de *Ginkgo biloba*, au printemps suivant.

Ginkgo biloba

Seul et unique survivant de la catastrophe. Pas étonnant que, depuis des lustres, les scientifiques tentent de percer le secret de ses composantes. Des expériences prouvèrent que des rats ayant ingéré du ginkgo se montraient plus résistants au cancer, et on utilise l'une de ses molécules pour traiter la maladie d'Alzheimer. Le gingko, la préhistoire de l'homme et peut-être aussi son avenir…

On l'appelle aussi…

Non seulement les plantes ont deux noms, l'un courant, l'autre savant, mais elles sont souvent affublées de surnoms faisant allusion à leur apparence, à leur usage ou à leur symbolique. Petit jeu du « qui est qui ».

Chèvrefeuille
Capucine
Bleuet
Géranium
Muguet
Pensée
Pissenlit
Primevère
Angélique
Colchique
Digitale
Datura
Prêle
Lis
Clématite
Joubarbe
Reine-des-prés

Barbe de chèvre
Cresson du Pérou
Casse-lunettes
Herbe à Robert
Larmes de la Vierge
Herbe de la Trinité
Dent de lion
Petite clé du Ciel
Racine du Saint-Esprit
Dame nue
Main de Vénus
Trompette du jugement dernier
Queue de rat
Fleur de Junon
Barbe de vieillard
Artichaut des murailles
Fleur aux abeilles

Greffes anagrammatiques

Prenez une lettre au tronc solide, plutôt majuscule.
Greffez-lui un petit mot inattendu et laissez bourgeonner.
Si vous avez la main verte et l'esprit anagrammatique,
vous y verrez fleurir une fleur connue.

M
épervier
U
germain
I
rurale
T
pluie
A
brochure
D
agilité
J
con
R
épaules
O
déchiré

A + brochure : bourrache
O + câline : ancolie
U + pinceau : capucine
H + écaille : achillée
U + germain : géranium
T + engrais : seringat
R + épaules : aspérule
I + rurale : laurier
D + navale : lavande
M + aveu = mauve
O + déchiré : orchidée
B + agonie : bégonia
D + agilité : digitale
L + étoile : œillet
M + épervier : primevère
J + con : jonc
C + accus = cactus

À l'origine était le mythe

Relisez la Genèse, et vous serez frappé par une chose :
le jardin d'Éden ne comporte presque pas de fleurs ! Comment donc sont-elles nées ?
De nombreuses légendes se sont chargées d'inventer des réponses à cette question…

Adonis était si beau qu'Aphrodite le prit pour amant. Arès, dieu de la Guerre et amant officiel d'Aphrodite, pour se venger, envoya contre lui un sanglier, qui le blessa à mort. De son sang versé, mêlé aux larmes d'Aphrodite, naquit par miracle la première anémone.

Les pâquerettes étaient autrefois toutes blanches, dit la légende. Un jour, un mendiant en offrit un bouquet au Christ, qui posa un baiser sur leur cœur, lequel, dès lors, devint doré…

Alors qu'Héraclès tétait le sein de sa mère, il provoqua une gerbe de lait qui vint inonder le ciel : ainsi naquit la Voie lactée. Quelques gouttes tombèrent sur Terre : à cet endroit fleurirent des lis. Aphrodite, née de l'écume de la mer, jalouse de cette blancheur parfaite, aurait alors affublé ces fleurs d'un pistil démesuré pour les ridiculiser.

Les cruciverbistes connaissent forcément Io, la belle mortelle séduite par Zeus et changée en génisse. Elle fut condamnée à ne plus déguster son amant qu'en pensées, dont était fleuri le champ où elle avait été parquée.

La jacinthe est l'une des rares fleurs évoquant l'amour entre hommes. Elle porte le nom de Huakinthos, amant d'Apollon. Alors qu'ils jouaient tous deux au palet, Zéphyr, le vent d'ouest, jaloux de cette idylle, dévia le cours du palet et en frappa à mort la tempe du jeune Spartiate. Ce sont les larmes d'Apollon versées sur la plaie qui auraient donné naissance à la jacinthe.

Si les flancs des montagnes japonaises s'ornent d'immenses massifs d'azalées semblables à des coulées de lave, c'est, dit la légende, parce que la première de ces fleurs aurait jailli du sol sur le pic du volcan Takachocho, le jour où le dieu Ninigi serait descendu du Ciel pour fonder la famille impériale.

Quant à la passiflore, fleur du fruit de la Passion, elle porterait les éléments de la Passion du Christ : cinq pétales et cinq sépales pour les apôtres (exit Judas le traître et Pierre qui a renié Jésus), un cercle de filaments bleus ressemblant à la couronne d'épines, une colonne pour le marteau et trois stigmates en guise de clous, un ovaire enflé évoquant l'éponge au vinaigre et cinq étamines comme autant de plaies (aux pieds, aux mains, au flanc).

Sagesse populaire

Le principe des dictons ?
C'est comme les slogans publicitaires :
si ça rime, c'est que ça doit être vrai.

Prendre du **thym,**
C'est faire l'amour sans fin.

Avec la **bugle** et la **sanicle**
On fait au chirurgien la nique.

Le **céleri**, herbe à grimper,
Fait le père sur la mère monter.

Sauge et **lavande,** je te dis,
Guérissent toutes maladies.

Les **lentilles**
Font venir le lait aux filles.

La **mauve** a pour fonction
Prise en décoction,
À ton ventre resserré
De rendre la liberté.

Valériane et **pimprenelle**
Guérissent maladies rebelles.

Mets sous ton oreiller la **pivoine** en fleur,
Tu feras en dormant des rêves de bonheur.

Femme stérile mangeant **poireaux,**
Son ventre fertile devient gros.

Plante ta **vigne** de bons sarments,
Prends la fille de bonnes gens.

La fleur des **veuves scabieuses**
Pour l'estomac est précieuse.

Prends la **bourrache** mais ne l'arrache,
Des maux de cœur guérit sa fleur.

Mange la première **violette** que tu trouves au printemps,
Tu n'auras jamais la fièvre l'an devant.

La forêt

Forêt silencieuse, aimable solitude,
Que j'aime à parcourir votre ombrage ignoré !
Dans vos sombres détours, en rêvant égaré,
J'éprouve un sentiment libre d'inquiétude !
Prestiges de mon cœur ! je crois voir s'exhaler
Des arbres, des gazons, une douce tristesse :
Cette onde que j'entends murmure avec mollesse,
Et dans le fond des bois semble encor m'appeler.
Oh ! que ne puis-je, heureux, passer ma vie entière
Ici, loin des humains !... Au bruit de ces ruisseaux,
Sur un tapis de fleurs, sur l'herbe printanière,
Qu'ignoré je sommeille à l'ombre des ormeaux !
Tout parle, tout me plaît sous ces voûtes tranquilles :
Ces genêts, ornements d'un sauvage réduit,
Ce chèvrefeuille atteint d'un vent léger qui fuit,
Balancent tour à tour leurs guirlandes mobiles.
Forêts, dans vos abris gardez mes vœux offerts !
À quel amant jamais serez-vous aussi chères ?
D'autres vous rediront des amours étrangères ;
Moi, de vos charmes seuls j'entretiens les déserts.

François René de Chateaubriand
Tableaux de la nature

L'onomastique florale selon Octave Mirbeau

Un extrait du roman Le Jardin des supplices, *paru en 1899.*

« Nos jardiniers […] ont osé cette plaisanterie dégradante de donner à la fragilité des roses, au rayonnement stellaire des clématites, à la gloire firmamentale des delphiniums, au mystère héraldique des iris, à la pudeur des violettes des noms de vieux généraux et de politiciens déshonorés ! Il n'est point rare de rencontrer dans nos parterres un iris, par exemple : Le général Archinard… Il est des narcisses – des narcisses ! – qui se dénomment grotesquement : Le Triomphe du Président Félix Faure, des roses trémières qui, sans protester, acceptent l'appellation ridicule de Deuil de monsieur Thiers !

Les Chinois [...] ne se comportent pas d'aussi laide manière. Parfaits artistes et poètes ingénus, ils ont pieusement conservé l'amour et le culte dévot des fleurs : l'une des très rares, des plus lointaines traditions qui aient survécu à leur décadence. Et, comme il faut bien distinguer les fleurs l'une de l'autre, ils leur ont attribué des analogies gracieuses, des images de rêve, des noms de pureté ou de volupté, qui perpétuent et harmonisent dans notre esprit les sensations de charme doux et de violente ivresse qu'elles nous apportent... C'est ainsi que telles pivoines, leurs fleurs préférées, les Chinois les saluent, selon leur forme et leur couleur, de ces noms délicieux, qui sont, chacun, tout un poème et tout un roman :

La jeune fille qui offre ses seins

ou

Le premier désir de la vierge couchée

ou

L'eau qui dort sous la lune

ou

Le soleil dans la forêt

ou

Ma robe n'est plus toute blanche
parce qu'en la déchirant
le Fils du ciel y a laissé un peu de sang rose

ou bien encore celle-ci :

J'ai joui de mon ami dans le jardin. »

Le jeu des sept erreurs

Parce que deux jardins identiques, ça n'existe pas…

HOP

« L'art d'aimer ?
C'est savoir joindre
à un tempérament
de vampire
la discrétion
d'une anémone. »

Cioran

L'Arthur d'avant Rimbaud

On sait qu'il cessa d'écrire à l'âge de vingt ans, et ses premiers poèmes connus ont été écrits à quinze ans, mais qu'en est-il du Rimbaud d'avant, du petit Arthur sur les bancs de l'école ? Ce texte à l'accentuation lacunaire a été retrouvé dans l'un de ses cahiers, daté de 1864. L'émoi poétique est bien là, mais l'envolée lyrique s'empêtre dans ses volutes et finit sa chute dans une enième faute d'orthographe. Les mamans d'enfants ordinaires seront rassurées : même Rimbaud faisait des fautes ! Car, enfin, on n'est pas sérieux quand on n'a que dix ans…

Le soleil était encore chaud ;
cependant il n'eclairait presque plus la teirre ;
comme un flambeau placé devant les voutes
gigantesque ne les eclaire plus que par une faible lueur,
ainsi le soleil flambeau terrestre s'eteignait en laissant
echapper de son corps de feu une dernière et faible lueur laissant
encore cependant voir les feuilles vertes des arbres les petites fleurs
qui se fletrissaient et le somnet gigantesque des pins, des peuplies
et des chenes seculaires. Le vent rafraichissant, c'est a dire une
brise fraiche, agitait les feuilles des arbres avec un bruissement
apeuprés semblable a celui que faisait le bruit des eaux
argentées du ruisseau qui coulait a mes pieds. Les fougères
courbaient leur front vert devant le vent,
je m'endormis non sans métre abreuvé
de l'eau du ruisseau.

Parterre de mots croisés fleuris

Au cœur de chaque fleur, la définition. Autour, sur les pétales à lire dans le sens des aiguilles d'une montre, le mot à deviner. Les pétales des unes font les pétales des autres ; les lettres aussi. À vous de faire le tour du jardin. Commencez donc par les patiences…

N. B. : les accents ne comptent pas. Solution aux pages suivantes.

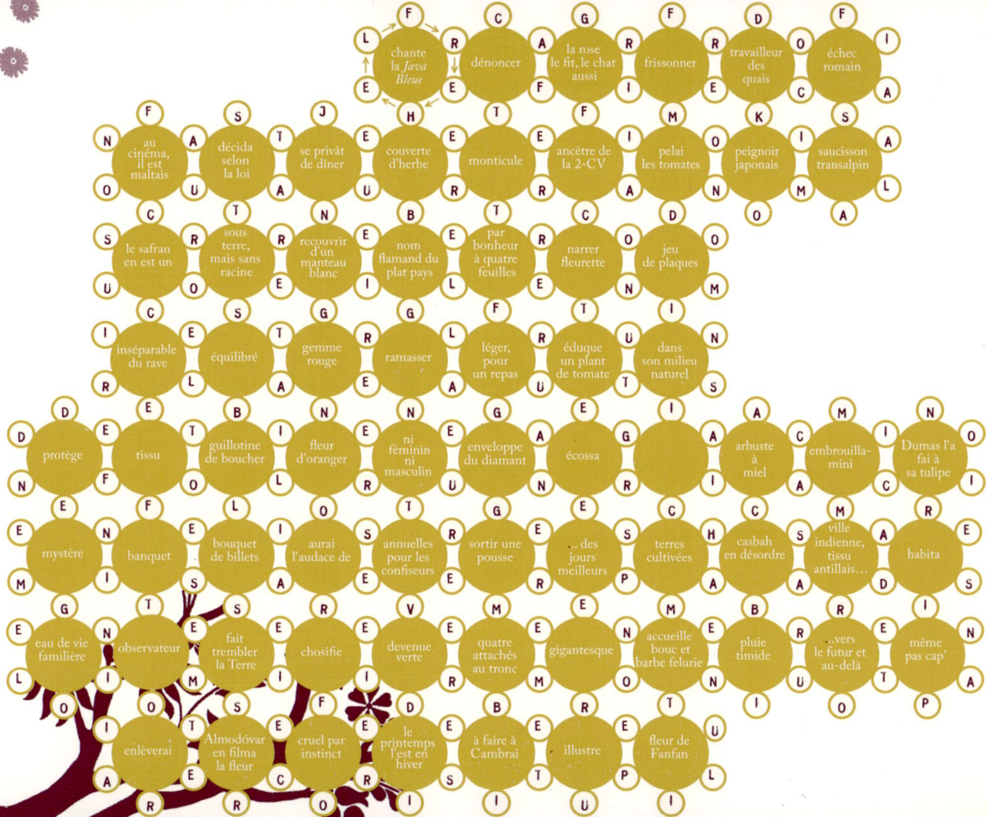
chante la *Java Bleue*
dénoncer
la rose le fit, le chat aussi
frissonner
travailleur des quais
échec romain
au cinéma, il est maltais
décida selon la loi
se privât de dîner
couverte d'herbe
monticule
ancêtre de la 2-CV
pelai les tomates
peignoir japonais
saucisson transalpin
le safran en est un
sous terre, mais sans racine
recouvrir d'un manteau blanc
nom flamand du plat pays
par bonheur à quatre feuilles
narrer fleurette
jeu de plaques
inséparable du rave
équilibré
gemme rouge
ramasser
léger, pour un repas
éduque un plant de tomate
dans son milieu naturel
protège
tissu
guillotine de boucher
fleur d'oranger
ni féminin ni masculin
enveloppe du diamant
écossa
arbuste à miel
embrouilla-mini
Dumas l'a fai à sa tulipe
mystère
banquet
bouquet de billets
aurai l'audace de
annuelles pour les confiseurs
sortir une pousse
... des jours meilleurs
terres cultivées
casbah en désordre
ville indienne, tissu antillais...
habita
eau de vie familière
observateur
fait trembler la Terre
chosifie
devenue verte
quatre attachés au tronc
gigantesque
accueille bouc et barbe felurie
pluie timide
...vers le futur et au-delà
même pas cap'
enlèverai
Almodóvar en filma la fleur
cruel par instinct
le printemps l'est en hiver
à faire à Cambrai
illustre
fleur de Fanfan

Solution du parterre de mots croisés

des pages précédentes

Filigrane

Inventé par Michèle Métail, ce jeu littéraire consiste à choisir un mot, puis à bâtir un court texte à partir des expressions qui lui sont attribuées. Le mot choisi n'est pas cité, il n'apparaît qu'en filigrane. Derrière ce portrait d'une jeune fille, se cachent donc trois mots (un par paragraphe) qui sont au cœur de trois séries d'expressions. Saurez-vous les retrouver avant de lire la page de droite ?

Une drôle de fille de famille, élevée dans les coussins, conditionnée à l'armée, hôtesse comme il faut, qui prend le temps de se changer en courant pour regarder l'opéra. Mais tout est faux : son souffle est pur et sa tête pleine de promesses. Elle est libre comme la mer, elle se fiche des grands, connus et viciés, comme des bons à rien.

À son âge, le sel de sa peau conte une vie semée de bleu comme d'eau. Rhétorique des pois, elle couvre le piège de guirlandes et de couronnes pour dire avec la fine farine la virginité de son teint.

Les ailes du nez à la grecque, les cheveux au carré, la dent cubique et la langue aérienne : je la retrouve en toi, Jean. En un mot, elle t'a tout pris.

Air
Un drôle d'air, une fille de l'air, un air de famille, s'élever dans l'air, un coussin d'air, l'air conditionné, l'armée de l'air, une hôtesse de l'air, l'air comme il faut, prendre l'air, l'air du temps, changer d'air, courant d'air, regarder en l'air, un air d'opéra, un faux air, un souffle d'air, l'air pur, tête en l'air, en plein air, des promesses en l'air, libre comme l'air, l'air de la mer, fiche en l'air, les grands airs, un air connu, l'air vicié, le bon air, l'air de rien.

Fleur
Être dans la fleur de l'âge, la fleur de sel, à fleur de peau, conter fleurette, une vie semée de fleurs, être fleur bleue, comme une fleur, à fleur d'eau, fleur de rhétorique, la fleur des pois (homme à la mode), couvrir le piège de fleurs, guirlandes de fleurs, couronnes de fleurs, le dire avec des fleurs, la fine fleur, fleur de farine, la fleur de la virginité, la fleur du teint.

Racine
Des racines et des ailes, la racine du nez, une racine grecque, la racine des cheveux, la racine carrée, la racine d'une dent, la racine cubique, la racine de la langue, les racines aériennes, retrouver ses racines, Jean Racine, la racine d'un mot, prendre racine.

Pourquoi pas ?

On dirait des personnages de Molière, cousins d'Argante, de Chrysalde et de Cléonte. Pourtant, ces prénoms imaginaires sont tout simplement tirés d'un lexique de botanique et associés aux patronymes les plus répandus en France.

Périanthe
RICHARD

Ombelle
THOMAS

Calice
DURAND

Akène
SIMON

Pédicelle
GUÉRIN

Bulbille
DAVID

Pruine
FRANÇOIS

Caïeu
VINCENT

Cultivar
LEFÈVRE

Sessile
Faure

Foliole
Dupont

Lignine
Mercier

Pistil
Perrin

Nectar
Moreau

Monadelphe
Dubois

Basifixe
Robin

Racème
Gauthier

Axile
Bertrand

Taxon
Morin

Corymbe
Girard

Stolon
Morel

Quand un arbre tombe, on l'entend.

Quand la forêt pousse,

pas un bruit.

Proverbe africain

Le saviez-vous ?

Brins de culture florale à effeuiller en passant

Cléopâtre, passionnée de fleurs, aurait écrit un traité de cosmétique à base de plantes.

Dans la Rome antique, lors des banquets, on avait coutume de déverser sur les convives de grosses quantités de fleurs coupées. L'empereur Héliogabale fit même installer un plafond réversible d'où tombaient tant de pétales de roses qu'il arriva que des convives mourussent étouffés.

En observant les motifs décoratifs Art déco, vous noterez la présence de nombreux bégonias : c'est parce que l'horticulteur François-Félix Crousse s'en est fait une spécialité à partir des années 1860, créant plus de six cents variétés, et qu'il était installé à Nancy, berceau du courant artistique appelé « École de Nancy », au début du XXe siècle.

Le dahlia, chanté par Verlaine et dont le cours atteignit des sommes vertigineuses en France au XIXe siècle, était à l'origine une simple plante fourragère cultivée sans chichi par les Aztèques pour nourrir le bétail, sous le nom de *chichipotli*.

L'hortensia n'est, à l'origine, ni breton, ni bleu. Rose, rouge ou blanc, il est originaire de Chine, puis il a été acclimaté sur l'île Maurice par le père Poivre. C'est le sol acide breton qui, par la suite, lui a donné cette couleur bleue qui lui était inconnue.

La poudre de riz qui blanchit le visage des courtisanes, victime d'une confusion linguistique, n'est nullement fait de riz, mais d'iris. Les Japonaises en firent autrefois si grand cas qu'elles détournèrent l'édit impérial sur les fleurs autorisées à être plantées dans les jardins, en faisant pousser les rhizomes des iris sur le toit des maisons, où ils sont encore visibles aujourd'hui.

Les mendiants de la cour des Miracles se frottaient avec des feuilles de clématite, vésicantes et irritantes, pour se donner des pustules.

Même si vous ne connaissez rien aux orchidées, il y en a deux que vous pourriez tout de même citer : le catleya, chère à Odette Swann, dans le roman de Marcel Proust, et l'autre beaucoup plus courante, et pourtant méconnue : la vanille !

Flower power

Les fleurs et le pouvoir

Quel est le lien entre les mots gladiateur *et* glaïeul *?*
Ils ont la même origine latine, qui signifie « glaive » ; le premier, parce qu'il en porte un ; le second, parce qu'il en a la forme. Le glaïeul a donc toujours été un symbole guerrier, ornement représenté sur les armes, d'ailleurs très proche de la fleur de lis.

Pourquoi la fleur de lis est-elle, en France, le symbole de la monarchie ? L'histoire remonte à Clovis, qui en fit son emblème en souvenir d'une bataille contre les Wisigoths au cours de laquelle il put traverser une rivière grâce à un gué environné d'iris. L'iris de Clovis s'est transformé en lis par suite d'une confusion linguistique.

Pourquoi la révolution des œillets s'appelle-t-elle ainsi ? Parce que l'œillet rouge fixé à la boutonnière était le signe de ralliement des militaires du MFA opposés à Marcelo Caetano, héritier du dictateur Salazar. Le 25 avril 1974, à 0 h 30, la radio de Lisbonne diffuse la chanson révolutionnaire *Grândola, Vila Morena*. C'est le signal de départ de la révolution. Les militaires sortent dans la rue, soutenus par la foule pacifique. Seize heures plus tard, la dictature tombe. Une illustration littérale de l'expression « partir la fleur au fusil ».

Quelle idée, de la part des Écossais, d'avoir choisi le chardon comme symbole national ! C'est que *Onopordon acanthium* leur a rendu un fier service, sauvant l'Écosse d'une invasion barbare. La légende raconte que, en 1010, des envahisseurs vikings auraient été repérés, dès leur arrivée sur la côte parce que l'un d'eux aurait crié après avoir marché sur un chardon. Les maladroits s'étaient déchaussés pour ne pas faire de bruit…

L'heure exquise

La lune blanche
Luit dans les bois ;
De chaque branche
Part une voix
Sous la ramée…

Ô bien-aimée.

L'étang reflète,
Profond miroir,
La silhouette
Du saule noir
Où le vent pleure…

Rêvons, c'est l'heure.

Un vaste et tendre
Apaisement
Semble descendre
Du firmament
Que l'astre irise…

C'est l'heure exquise.

Paul Verlaine, *La Bonne Chanson*

La page à laisser près du téléphone

Votre mère vous appelle pour vous relater ses déboires chez le coiffeur ?
Un vieil ami bavard vous raconte au téléphone sa croisière en Égypte par le menu ?
Le service après-vente de votre lave-linge vous prie de patienter dix minutes s'il vous plaît parce que tous ses conseillers sont actuellement occupés ?
C'est le moment de dégainer votre plus beau stylo et de suivre les modèles ci-après.
D'après une étude de l'université d'Esbrooff (professeur Pipow), griffonner calme les nerfs à 95 % et une période de dix minutes de stress évité rallonge votre vie en moyenne de vingt-trois jours.

Remède au dilemme de Jacques Brel

Parce que, les fleurs, c'est périssable, oubliez le bouquet, optez pour le sachet !
Tour de France des bonbons à base de plantes. À chantonner sur l'air bien connu…

J'vous ai apporté des bonbons
À base de fleurs : c'est un délice
Gallica officinalis
À Provins, les roses ont ce nom
Surtout quand elles sont en boutons
J'vous ai apporté des bonbons

Voulez-vous mes brins d'angélique
Confite au sucre avec amour ?
À Niort, on dit qu'ils sont magiques
Bâtons d'émeraude que l'on savoure

Puis, j'ai fait halte à Flavigny,
Je vous ai rapporté des grains
D'anis au sucre ; à l'abbaye,
On m'a dit que c'était très fin

J'vous ai apporté des bonbecs,
Des pétales rouges de Nemours,
Où les coquelicots riment avec
Amour, toujours, discours, velours

À Cambrai, j'ai fait des bêtises
Et, à Valenciennes, des sottises :
Je vous ai acheté plein de choses,
Mais moins de fleurs que de glucose

Voilà un bouquet de violettes
Cristallisées dans la ville rose
Et si les caries vous inquiètent
N'en faites pas une névrose :
Il faut croquer, Ronsard l'a dit,
À présent les roses de la vie

Le langage des fleurs : une jolie supercherie

On a dit qu'il avait été inventé en Orient, dans les harems, pour permettre aux femmes enfermées de communiquer secrètement avec leurs amants : la composition des bouquets leur aurait permis de convenir de rendez-vous. Ce langage aurait donc été connu de tous… sauf du sultan ? L'hypothèse est fantaisiste, mais elle repose sans doute sur une tradition symbolique ancestrale. Le plus amusant, c'est la façon dont l'occident, en pleine mode orientaliste, a pu s'emparer de ces bases pour créer un véritable langage des fleurs tel qu'on le connaît aujourd'hui.

Les origines de ce langage datent du XVIIe siècle : en France, le duc de Montausier offre à Julie d'Angennes, en 1634, un recueil de poèmes d'amour classés par fleurs et présenté comme un album de botanique, intitulé *La Guirlande de Julie*. En 1717, lady Mary Wortley raconte le fonctionnement de la « lettre d'amour turque », bourse renfermant des petites choses, fleurs comprises, dont la totalité formerait une sorte de poème codifié. Mais c'est Charlotte de La Tour, en 1819, qui avalise cette mystification en faisant paraître une méthode de langage floral prétendument inspirée des bouquets transitant dans les harems orientaux et qui seraient appelés « sélam ». Tout y ferait sens : non seulement les fleurs choisies, mais aussi leur inclinaison, leur disposition, la présence ou non d'épines, de feuillage, etc. Le succès est tel que l'ouvrage est maintes fois réédité, traduit, plagié et même prolongé par des théories qui se veulent scientifiques. On invente la « sélamographie », la « hiérobotanie » ou la « botanologie », sciences du langage mystique des fleurs ! L'un des ouvrages les plus impressionnants est celui d'Albert Jacquemart, paru en 1840 sous le titre *Flore des dames,* qui tente très sérieusement d'appliquer tous les concepts de la grammaire au langage de la « conversation florale ». Bref, une mode est née, et, si les princesses orientales ne l'ont peut-être jamais connue, ses bases sont encore colportées par les fleuristes occidentaux d'aujourd'hui. Bleuet : je vous serai toujours fidèle. Camélia : je mourrai à vos pieds. Jasmin : je vous couvre de caresses. On a envie d'y croire. Et pourquoi pas ?

Quelques fleurs de rhétorique

ANASTROPHE (ordre habituel inversé)
De m'aimer, n'oublie pas, dit le myosotis.

ANTONOMASE (nom propre pour nom commun)
Le bourdon, ce don Juan des jardins.

ASYNDÈTE (absence de liaison)
Cerisiers en fleur, neige de printemps,
un merle s'envole.

CHIASME (construction en miroir)
Une fleur ne vaut rien,
mais rien ne vaut une fleur.

DIAPHORE (mot répété dans des sens différents)
Tu m'envoies tes douces pensées ;
je préfère celles de mon jardin.

HYPALLAGE (attribut déplacé)
La beauté nostalgique du jasmin m'enchante.

HYPERBOLE (exagération)
Son amant l'a couverte de roses.

LITOTE (fausse atténuation)
Recevoir un bouquet pour la Saint-Valentin ?
Je ne suis pas contre.

OXYMORE (réunion de termes opposés)
Douceur amère que le spectacle d'un bouquet
de mariée séché.

ZEUGMA (un même mot liant deux termes disparates)
Il couvrait sa fille de fleurs et d'un bonnet
rouge.

Quel est le point commun de tous ces mots ?

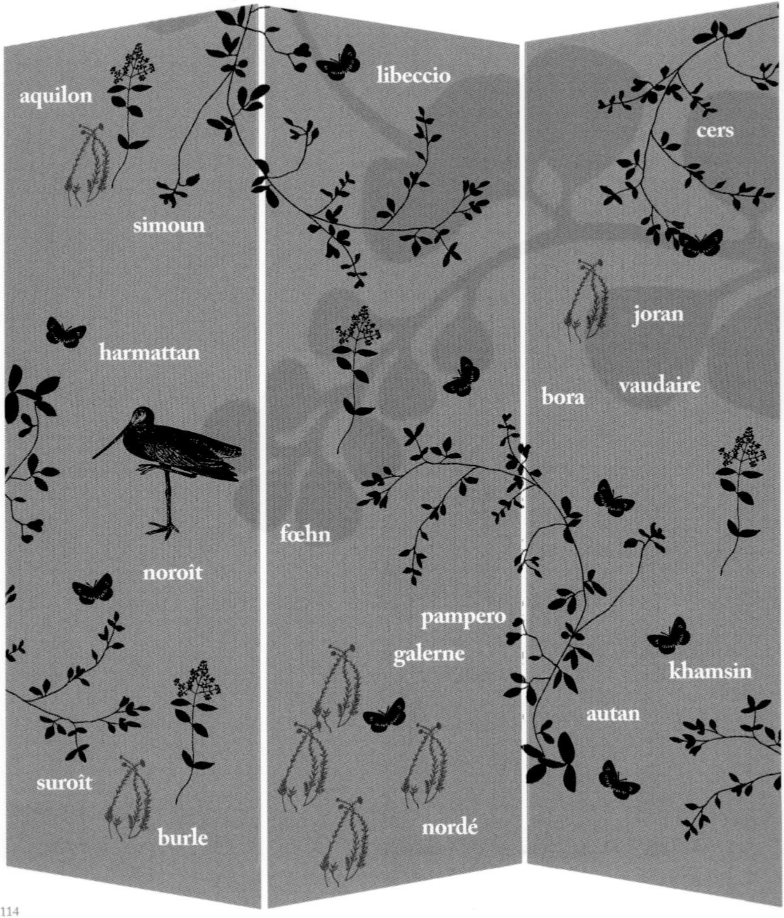

On vous souffle la réponse ? Ce sont tous des noms de vents. Ceux de la première liste sont dans le *Larousse*. Les autres sont plus exotiques : austru (Roumanie), bhoot (Inde), bolon (Sumatra), chergui (Maroc), chinook (montagnes Rocheuses), chocolatero (Mexique), dzhari (Libye), ghibli (Sahara), hégoa (Pays basque), knik (Sibérie), kona (Hawaii), ljuke (Yougoslavie), loo (Inde), maloja (Suisse), nirta (Sumatra), piterak (Islande), pyrn (Allemagne), reshabar (Caucase), samiel (Afrique du Nord), willy-willy (Australie), xlokk (Malte).

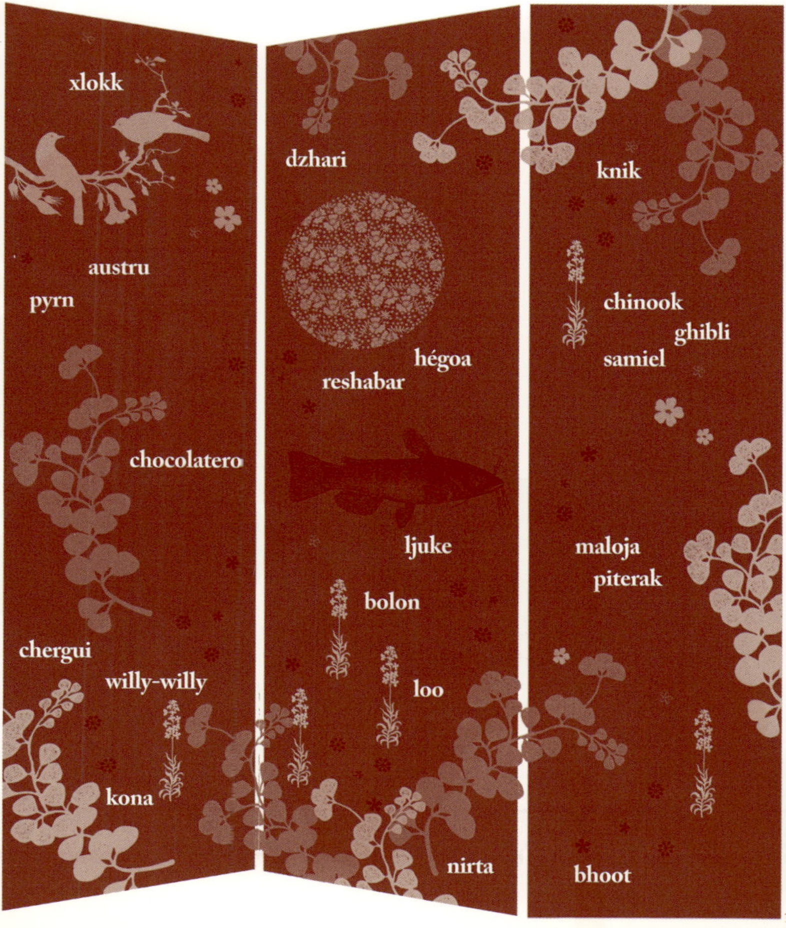

Fleurs et mathématiques : le mystère de Fibonacci

Ça commence comme une devinette, posée par le mathématicien italien Leonardo Fibonacci (vers 1175-1240) : un homme enferme un couple de lapins dans un lieu clos. Combien de couples obtient-on en un an si chaque couple engendre tous les mois un nouveau couple, à compter du troisième mois de son existence ? Réponse : le premier mois, 1 couple ; le deuxième mois, 1 couple ; le troisième mois, 2 couples ; le quatrième mois, 3 couples, etc. On appelle cette suite – très connue des mathématiciens – la suite de Fibonacci : on obtient chaque nouveau nombre en additionnant les deux précédents.

0, 1, 1, 2, 3, 5, 8, 13, 21, 34, 55, 89, 144, 233, 377, 610, 987, 1597,

2 584, 4 181, 6 765, 10 946, 17 711, 28 657, 46 368, 75 025, etc.

Quel rapport avec les plantes ? Comptez les pétales de n'importe quelle fleur : vous aurez la surprise d'aboutir à un nombre issu de cette suite. Un iris compte 3 pétales, un bouton d'or 5, une marguerite 21, 34, 55 ou 89… Plus spectaculaire encore : regardez la disposition des graines au cœur du tournesol. Elles forment deux groupes de spirales comportant chacun un nombre d'embranchements appartenant à cette même suite. Idem pour l'organisation des pommes de pin et des ananas. Pourquoi ? Parce que c'est ainsi que l'espace est optimisé et que le cœur renferme le plus possible de graines.

On pousse le bouchon encore plus loin ? Examinez maintenant l'écart entre les feuilles qui poussent sur une même tige. Elles ne poussent pas les unes en dessous des autres, elles forment un angle bien précis, qui est de 137,5°. Mais comment aboutir à ce nombre ? Calculez les fractions posées avec deux nombres de la suite de Fibonacci espacées d'un nombre, c'est-à-dire 2/5, 3/8, 5/13, 8/21, 13/34, etc. Plus les nombres sont élevés, plus les résultats tendent vers le nombre 0,382. Or, si l'on trace 0,382 tour de cercle avec un compas, on obtient un angle de… 137,5°.

Alors, les plantes savent-elles compter ? Non, mais elles ont trouvé l'angle optimal pour que chaque feuille profite de la lumière. Pourrez-vous effeuiller vos bouquets sans y penser, désormais ?

Astuces pour servir des fleurs à table

Le buffet chic d'Alexia

des noix de saint-jacques marinées, déposées chacune sur un pétale de rose non traitée, que l'on déguste lui aussi, d'une seule bouchée

La salade de Véronique

des crozets au sarrasin, des dés de fromage et de courgette crue, et des fleurs de thym cueillies au jardin

L'aphrodisiaque de Tiphaine

des fleurs d'hibiscus confites (vendues en bocaux) garnies de crème de roquefort

Les beignets d'Anna

des fleurs de courgette cuites comme des tempuras

Les bonbons d'Annie

de faux pétales réalisés avec une décoction de coquelicots sucrée réduite en sirop, que l'on fait ensuite sécher

Le vin chaud de Raphaële

parfumé avec des brins de lavande séchée, gardés de l'été d'avant

La confiture de Patrick

du faux miel réalisé avec une décoction de fleurs de pissenlit sucrée, puis réduite en sirop

Le dessert piqué à Mamie Nova

ses yaourts à la violette utilisés, une fois brassés, comme un coulis accompagnant un gâteau au chocolat maison, à la place d'une crème anglaise

La soupe glacée d'Aglaé

salée ou sucrée, servie avec des glaçons dans lesquels sont emprisonnés des fleurs de bourrache

L'aquarium magique de Nathalie

un cocktail transparent servi dans un bocal à poissons rouges garni de fleurs de thé

Lexique botanique
à détourner pour enrichir votre vocabulaire au quotidien

Aciculaire : rigide et pointue.
« J'ai une chef de service aciculaire, ce n'est pas facile tous les jours. »

Anémochorie : dispersion des graines par le vent.
« Mes bonnes intentions de début d'année se sont envolées. C'est l'anémochorie classique de février. »

Apoptose : mort cellulaire programmée.
« Mon téléphone portable approche de son apoptose. Il va falloir que j'en change. »

Armille : en mycologie, anneau engainant le pied comme une chaussette.
« Elle portait à la cheville une jolie armille en or rapportée d'Égypte. »

Auriculé : pourvu d'oreillettes.
« Je n'aime pas beaucoup les présentateurs de télévision auriculés. »

Basilaire : situé à la base de la plante.
« J'ai encore chopé une verrue basilaire à la piscine. »

Biloculaire : à deux loges.
« C'était un sympathique petit théâtre biloculaire. »

Bryophyte : embranchement qui regroupe les mousses.
« Nous avons bu une bière dans le bryophyte du quartier. »

Campanulé : en forme de cloche.
« J'ai l'air campanulé avec cet accoutrement, non ? »

Caroncule : excroissance charnue.
« Il déboutonna sa braguette et me montra sa caroncule. »

Cespiteux : qui forme une touffe serrée.
« Il ne pouvait détacher son regard de ce triangle cespiteux camouflant l'origine du monde. »

Coalescent : se dit d'organes de natures différentes qui adhèrent entre eux.
« Ce slow acheva de nous rapprocher. Nos parties coalescentes s'embrasaient. »

Collenchyme : tissu de soutien formé de cellules à maturité.
« Quand Gilles m'a quittée, mes tantes m'ont bien aidée à tenir le coup : un vrai collenchyme familial. »

Cône : organe reproducteur des gymnospermes.
« Je pouvais voir le cône de mon prof de gym à travers son survêtement. »

Coriace : qui a la consistance et l'aspect du cuir.
« Vendez-vous des portefeuilles coriaces ? »

Cristation : croissance anormale du sommet d'une tige en forme de crête ou d'éventail.
« Théo est en phase de cristation. Pas facile pour les parents, l'adolescence. »

Déhiscent : qui s'ouvre spontanément.
« C'est une femme facile, indécente et déhiscente. »

Émarginé : très légèrement échancré au sommet.
« Elle portait une jolie de robe de soie grège émarginée. »

Falciforme : en forme de faux ou de faucille.
« L'ombre falciforme de la mort planait au-dessus de nos têtes. »

Fructifère : qui porte des fruits.
« Mes efforts ont été fructifères : j'ai obtenu le diplôme. »

Glutineux : gluant, visqueux.
« On m'a servi une soupe glutineuse au tapioca. »

Halophile : qui vit dans les milieux salés.
« Cet été, ce sera Saint-Brévin-les-Pins : je suis un halophile, moi. »

Hologamie : lors de la fécondation, se dit quand c'est l'intégralité des individus qui fusionne.
« Je ne suis pas forcément pour la monogamie, mais, pour l'hologamie, oui. »

Hyalin : se dit de tissus végétaux transparents ou translucides.
« Son corsage hyalin laissait entrevoir une poitrine encore ferme. »

Hydrogame : adjectif qualifiant un mode de reproduction dans lequel le pollen est essentiellement véhiculé par l'eau.
« Mon expérience hydrogame à Ibiza me donne envie de retourner à l'hôtel de la Plage. »

Infundibuliforme : en forme d'entonnoir.
« Sa jupe infundibuliforme lui donnait un air de princesse. »

Lenticelle : petite fente servant aux échanges de gaz.
« La moindre des choses, quand on prend les transports en commun, c'est de contrôler sa lenticelle, nom d'une pipe ! »

Ligneux : dont la tige a la consistance du bois.
« Il était tant épris de désir pour Caroline qu'il se sentit tout ligneux. »

Mucilage : production liquide à base de glucides.
« Essuie donc le menton du petit, il est plein de mucilage. »

Papilleux : couvert de petites rugosités coniques ou hémisphériques.
« Elle choisit un tanga papilleux du plus bel effet sur sa peau bronzée. »

Pauciflore : portant un petit nombre de fleurs.
« J'ai toujours su qu'il était radin : c'était un pauciflore. »

Pellucide : mince et presque transparent.
« Ton argument est pour le moins pellucide. »

Pruine : poussière cireuse pouvant être enlevée par simple frottement.
« Un bon démaquillant, le soir, vous débarrasse de la pruine diurne. »

Ramule : rameau de dernier ordre.
« L'opéra-ballet des *Surprises de l'amour* ne vaut pas *Les Indes galantes.* Pour moi, c'est même un ramule. »

Rétus : tronqué et légèrement déprimé au sommet.
« Depuis le départ de Christiane, Jean-Claude est rétus. »

Rhombique : en forme de losange.
« Donnez-moi donc ce petit gâteau rhombique, là. »

Scabre : rugueux au toucher.
« Martial a l'air scabre, comme ça, de prime abord. Mais, en fait, c'est un ange. »

Sempervirent : qui reste vert toute l'année.
« Ginette se rend malade de jalousie. C'est une sempervirente. »

Scrobicule : petite fossette moins profonde qu'un alvéole et plus ou moins arrondie à la surface d'un organe (alors dit scrobiculé).
« J'adore le menton scrobiculé de Robert Mitchum. »

Spinule : poil court et raide, plus ou moins piquant.
« Les spinules, ça passe mieux sur Bruce Willis que sur mon Raoul. »

Tomenteux : recouvert de poils.
« Je rêve des bras tomenteux d'un beau ténébreux. »

Volubile : qui s'enroule autour d'un corps voisin.
« Ses jambes volubiles l'enlaçaient amoureusement. »

Un cadeau caché
dans le cadeau :
huit bons offerts
avec ce livre,
à faire valoir
auprès de la personne
qui vous l'a offert...

Bon pour
1 vrai bouquet
de fleurs

Bon pour
1 pique-nique
au jardin
au milieu des tulipes

Bon pour
1 séance de massage
relaxant
à l'huile de calendula

Bon pour
1 soirée entière
à t'envoyer des fleurs

Bon pour
1 séance de saut
en parachute
dans un champ de jonquilles

Bon pour
1 film à l'eau de rose
à partager

Bon pour
1 pot
de confiture maison
à la violette

Bon pour
1 autre livre
de la collection